Cincel y Luz

Esta obra ha sido apoyada por la Dirección General del Libro, Archivos y Bibliotecas de Portugal (DGLAB) y el Instituto Camões.

El sueño de Europa es una colección dirigida por Lauren Mendinueta

Título original: *Escopro e Luz*
© *Maria João Cantinho, 2024*

Cubierta: Altarpiece de Hilma Af Klint

© Traducción: Verónica Aranda, 2024

© *Editorial Difácil, 2024*
editorial.difacil@gmail.com
www.difacil.com
I.S.B.N.: 978-84-10363-10-6
Depósito Legal: VA 659-2024

Imprime: Máxtor Gráficas

Impreso en España

MARIA JOÃO CANTINHO

Cincel y Luz

Traducción de Verónica Aranda

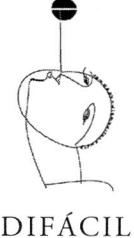

DIFÁCIL

Este es el ojo del tiempo:
mira torvo
bajo la ceja de siete colores.
Su párpado lo lavan los fuegos,
su lágrima es vapor.
La estrella ciega vuela hacia él
y se funde en la más cálida pestaña:
el calor llega al mundo
y los muertos
brotan y florecen.

«Ojo del tiempo», *De umbral en umbral*
PAUL CELAN

(Hiperión, 2004. Traducción de Jesús Munárriz)

No sé si espectros u hombres
caminan por el valle árido
mendigos de rostros vacíos

que avanzan, siguen siempre
solo las altas montañas los cobijan
en silencio y la mirada ciega
clavada en el suelo

ni osan mirar a las alturas
donde una sombra interminable, casi nocturna
los acompaña, día y noche

un día, eran conscientes, esa ceguera
les ahorraría la visión

pues la sombra crecía más y más
engullía las montañas, las eclipsaba
con su sombra, su no

sin gloria, piedra, noche y polvo.

Caminan hombres como espectros
no hermanos, amigos sabían serlo

traen la sangre de la soledad
pegada a la piel, a las vestiduras

y respiran el miedo.

Un país que se calla

Vencidos están los que creyeron
mientras las pendientes de la sierra arden
en el azul del verano

el fuego devora la tierra
la vida la tuya la de ellos
lamiendo la memoria
allí quedó la infancia, la vida
allí se lanzó la sombra
el vacío de tu futuro.

Tus manos están negras
como tu corazón
y levantas la vista
buscando respuestas

mientras un país se calla.

Efrin

Para Hussein Habasch

Dicen que la pesadilla de los soldados del Estado Islámico
es ser asesinados por una mujer,
dicen que no tendrán a las 72 huríes
en ese paraíso soñado que los espera.

Y ellas, peshmerga, enfrentando la muerte,
ojos de tigre, les saltan al camino como demonios
libres y sin velos, implacables,
ellas que, en el amor y en los hijos, respiran la ternura
y la salvación.

Ceylan se mató con la última bala que tenía,
tal vez tuviese miedo en esa hora,
pero el tiempo no está para miedos ni retrasos
y Ceylan tampoco sabe ser heroína
pues eso es para las occidentales ancladas
en el tedio de sus vidas vacías,
entregadas a la contemplación de los espejismos,
criadas por los que venden la muerte
en parajes remotos.

Arin se hizo explotar, para no caer en manos enemigas,
su cuerpo mató a tantos como pudo
en nombre de un pueblo, que solo en alma y corazón
conoce su patria, ardiendo
en la mirada de sus hijos, callados,
a la espera del futuro, que silba entre las balas
y la sangre, las vísceras de sus muertos.

Aquí, en Efrin, solo canta la muerte,
la única que florece, petrificando,
ante nuestra indiferencia helada, muda.

Sabana

Si te pidiese la dilación, padre,
de un cuerpo aún aplazado
y te contara de nuevo los viajes
que hacíamos antaño
y mis palabras pudiesen
animar tu mirada, traerla de nuevo
a mi tierra, a mis manos,
como las historias que me contabas
y luego reíamos sin parar.

Si te pidiese la dilación, padre,
para recomenzar la vida, para recomponer
la ruina, juntar todos los huesos
para devolverte la luz de la sabana
y la respiración de los árboles, el inexorable canto
de la tierra, del río que había
y de la mirada brava de las gacelas
en el dorso leonado del alba.

Si te pidiese la dilación, padre,
para recomenzar todo de nuevo,
infancia y arena corriendo por nosotros,
solo la música y el secreto de la sabana

el fuego de la tribu, la danza
y siempre el tiempo
el del habla antigua
el que se anhela con los dioses
y con el polvo.

Llegada a Valencia

Pisé el suelo de Valencia y lloré como un niño
tal vez mirase hacia el cielo, una vez más,
mientras las lágrimas me quemaban la piel.

Este soy yo, el negro de carne ulcerada.
Esta es la herida
que queda de un hombre
un animal enfermo, naufragando
en los escombros de su memoria.

Pisé el suelo de Valencia y lloré como un niño
dejé atrás mis muertos,
atrás mi lengua
y mis sueños,
mi amada, muriendo
bajo los golpes de sus verdugos.

Escribes por la noche la página de sangre
que te atraviesa el cerebro
y nada equivale a nada
solo el torpedear de los pensamientos
y el galope de la sombra
rasgando la luz

buscándote
desesperadamente
buscándote.

El viejo

Aún te demorarás
delante de un café,
lo único que puedes pagar.

Un hijo, el único,
marchó lejos
y tú esperas
a los nietos que apenas conoces.

Los otros te traspasan con la mirada,
que es un modo de hablar
te traspasan con su indiferencia.

El café es tu soledad diaria
el precio que pagas por ella
y te dices a ti mismo
¿a fin de cuentas no tenemos todos nuestro café?

Tulcea

Tulcea, que ahora se hunde
en brazos de la noche, deja tras de sí
el rumor quieto de las aguas
y la oscilación tranquila de los barcos,
en una despedida del verano. Dejo
que la noche invada los rostros
y que la oscuridad trague las voces,
que cantan la nostalgia, sin nombre.

Me adormeceré en este lugar,
donde una voz
antigua me despierta,
me adormeceré, y poco a poco,
el misterio del tiempo desvelará
las ocultas formas de la noche,
en un breve murmullo del infinito.

Pronto cantarán las aves en el puerto
esperándote, mientras
se deslizan veloces, madrugada adentro.
Al clarear el día.

Discípulos de la madrugada

Que la sombra descienda y nos tome
en su misterio, donde todo
es pasaje y umbral, presencia
furtiva e incandescente.

El río fluye y se sumergen
tu rostro, tu voz
tal vez la memoria de otros rostros
y de otras voces
cruzándose en el pliegue del tiempo
asemejándose en la oscuridad,
tal vez no sean más que destrozos
de un antiguo sueño
o de una visión sobresaltada
de la eternidad.

La Rosa kurda

Para Hussein Habasch

Tal vez creáis que su sombra
se abatirá sobre la sangre
derramada de las mujeres kurdas.

Ellas, que amamantaron
a los lobos de las montañas
más altas, bajando
como demonios, combatiendo
huestes asesinas y bárbaras,
velarán día y noche
indiferentes al cansancio
y al miedo.

Rosa, rosa del Kurdistán,
despierta, al grito de guerra,
blandiendo la esperanza
acercándola a la mirada
como el fuego más ardiente.

Rosa, rosa del Kurdistán
siempre y siempre

estás más viva
que los ojos muertos
de tus asesinos.

Aschenbach

Aschenbach caminó entre las sombras
buscando, enloquecido,
la luz que habría de salvarlo.

Aschenbach recorría las oscuras calles
de Venecia, aturdido frente a cada rostro
que le devolvía la decadencia
y la muerte, anhelando
el sueño de la belleza.

Tadzio, Tadzio
luz en la luz, caminando
en la orla del mar
apuntando lejos
cada vez más lejos
y la vida, aquella,
apagándose en el sueño.

Tal vez el milagro esté ahí mismo
sin estar, a fin de cuentas

tal vez esté en el ala
arrastrada al filo del agua
o en el modo en que ves nacer el azul

o tal vez solo ahí
cuando la luz irrumpe en ti
o en la página,
ese «da igual»

O tal vez tu mirada,
queriendo flotar

tal vez esté ahí tu raíz
que no es raíz de nada
tal vez ese sea el milagro
el tuyo, el de apenas querer nadar

y dejarse llevar
como el viento suavísimo de verano
ese gesto tuyo
el de querer dejarse ir.

A modo de secreto,
cualquier locura desaguando
y yendo, yendo.

Sète

Desde lo alto ves ahora ese espejo azul
y la inclinada fulguración del mar
serpenteando entre los canales,
dibujando la perfección
de esta mañana de verano.

La luz del viento, en irisada danza,
nos desalinea el corazón
y nace una voz, entre las aguas,
haciéndose poema, arrebatándonos,
mientras los barcos
desaparecen en la lejanía
como sueños desvanecidos.

Escribes a fuego y agua, escribes
y cantas a media voz ese verso que te asalta:
«Qu' un long regard sur le calme des dieux!»

Y soy arrastrada por tu voz
así, cuando me llega secreta del pasado,
en una embriaguez de imágenes,
pasado y presente, acechándome.

Quizás por encontrarme frente a esa inmemorial
blancura del cementerio marino,
el mar incendiándolo todo, la luz
ascendiendo desde la línea del horizonte
y yo aquí, tu mirada posada en mí,
y yo aquí, en el umbral del poema,
fuera y dentro de mí, regreso a la voz,
en el infinito reanudar del canto.
«La mer, la mer, toujours recommencée!!»

Cuando despiertas, durante la noche
te mides con el dorso sosegado
de la oscuridad y de la nada

y el silencio es un iceberg de luz
donde las palabras anidan
en un *adagietto* largo
espiándote, devorándote.

Tal vez no seas capaz
más que de detenerte
en la irisada luz del día
en esa lenta reverberación
que atraviesa la esquina de la lluvia.

Esperas el otoño y las doradas
hojas de los plátanos
que amarillean los caminos
y traen esos aromas
que enloquecen a los animales.

Te subes el cuello de la chaqueta
mientras sueñas con la llegada del frío
y deletreas los nombres que traen el Invierno.

La sombra avanza, tapando la mies
con su espeso manto
que clama el aullido de la noche
el silbo de la tormenta

Era un viento libre que corría
y acariciaba las espigas
era tal el relámpago, la luz
que brillaba
y nos hacía brillar
en la respiración que había
en los ojos de los niños

Era tal ese viento libre que nos tomaba
y golpeaba las crines de los caballos
en ese lugar donde vivíamos
de casas donde las puertas
daban siempre al infinito
y en las ventanas vivían posadas
nuestras madres
y por encima del claro tejado
las aves, el tiempo

Era un viento libre, aún sin forma
sin nombre, apenas claridad.

Adagietto

Déjame adivinar lentamente
el modo en que las notas
recorren tus dedos
en ese pliegue del silencio
por dentro de la música.

Todo parece eternizarse
cuando acaricias las teclas
y cierras los ojos
siguiendo el rastro del corazón.

Una isla te espera. Tú.

El viento de la tarde se enreda en el aire
y trae el habla hasta los árboles
el follaje es su boca
secreta e intacta.

Dejadme ser aquí
sin voz, sólo el reflejo
que me llega, endulzándome la vida.

La casa

La brisa ínfima me llega de lejos
como la memoria,
canta en la espesura
en el magma de los recuerdos
esos días que fueron leves
y la casa se elevaba sobre el mar.

Los pescadores arrastraban los barcos
mientras el niño permanecía allí, esperando
lo que la noche le vendría a contar.

Un poema desea ser secreto
y vida íntima, pero también se anhela
como una construcción,
esculpida en plomada
de versos inhóspitos
como el viento
abrazando los pinos
junto al mar.

Es preciso aprender a hacer con los poemas
lo que hacemos cuando nadamos
y nos mantenemos a flote.
El poema vive de ese cuerpo a cuerpo
con la voz que se hunde
para ir hasta el fondo de las lágrimas
y regresar limpia.

Epitafio para un poema

Aún no habíamos crecido del todo
cuando tú cortaste el hilo
que tejía el incendio del poema
y yo no lo llamaré amor
porque era más que eso
sumergido en el tedio de los días.

Hay quien no soporta el paso del tiempo
sin pensar que la vida es
ese estar en la rueda dentada
de un largo, larguísimo poema
que se le pide en préstamo a la vida.

Esta página abierta del viento
en la tarde vacía y clara
expande la dicha
de las cosas sencillas.

Por ahora las únicas que son
y que abarcan mis manos.

Estar contigo al amanecer

y verte abrir los ojos

mientras sonríes, repitiendo el gesto

de cada día, de cada sueño,

y dejar que abra la mañana

de par en par las puertas

con el canto de los pájaros

sin que percibas

que ya es un nuevo día

vuelve, sin que lo sepas, al inicio.

En estos días de canícula
es preciso regar el poema
que viene tímidamente
a rozarnos las manos.

¿Qué palabras son estas
que nos desafían la razón?
El poema llega con el calor
nos tapa la boca, déjalo
entrar en la piel,
como agua viva o sudor,
déjalo penetrar la mirada
y entonces verás
lo que guardan las palabras
en el limbo del sueño.

Hoy no ha venido aún el poema,
pero ha llegado el pan caliente
y el periódico.
Tarda en llegar
es un lirio en llamas sobre los labios,
una imponderable sílaba del mar
que ha de detenerse
en la curva de tu boca,
o en tus hombros
que desafían el viento de la tarde.

Apnea

Cuando te quitan la alfombra
y te dejan navegando en el vacío
te sobran las palabras
que excavas en lo más hondo de ti.

No es en el sueño donde echas anclas
sino en las pesadillas
que te fustigan en las noches.

Y las palabras descienden
duermen en tus labios
en busca del sol
del día que nace
siempre en modo de esperanza.

A veces no descienden
por lo honda que es la noche
y permaneces en la apnea.

Nadie en la noche
aquella que es la más honda.
Nadie para extenderte una rosa,
tan solo el dorso frío de la melancolía.

Quisieras reescribir el camino
trazar la bifurcación
donde se desmoronó todo
y quedó la señal por el camino.

Quisieras retroceder en el tiempo
y fijar los nombres, el amor,
pero la vida ya no era tuya
quebrada en los espejos del pasado.

Te giraste. Era el vacío.

Cincel y luz

Sumergirse en la lenta flor de la soledad
y entonar el poema
que se construye con hilo de plomo
palabra sobre palabra, exacto,
es preciso dejar que tome su rumbo.

Es preciso aprender a respirar
oír el sonido del viento
abrir la puerta, dejar entrar el canto de las aves
el fruto más vivo de los árboles
poema hecho de materia sencilla.

Es preciso que se borre el artífice
que talle el lenguaje
con su cincel
atento a las voces del pasado
y del puro presente
que se hace luz en el poema.

Amo el canto del mirlo en la tarde,
me trae memorias de otros tiempos
cuando los niños llegaban
como la brisa, libres
y descalzos
bailando al son de la canción.

Te esperé en la tarde despejada
soñé que llegarías con el viento
o en forma de onda.

¿Me llamarías si vinieses
o me dejarías entregada al sueño,
mientras la tarde se extingue en la noche?

Los sonidos fluyendo en cascada

o gotas de lluvia

la música es lenguaje de los dioses

que se esconden en la materia

y nos asaltan el espíritu

desasosegándonos

arrastrándonos hasta el centro del silencio.

Tengo el alma abierta como una herida
estos días en que el sol del mediodía
exuda los cuerpos con violencia
y en mí muere el amor.

Abrir la noche como un rostro
que trae la luz incierta
mientras navegan las manos
como raíces de árboles
buscando la geometría más limpia.
La del poema en su clarear.

Mido la devastación de mi pasado
mirando hacia el futuro
que ve opresión vacua
alrededor de los días.

El dios se esconde, grácil, en el viento
y suyos son los árboles, los caminos
que sentimos poblados.

Suya es la tarde abrasada
y es a él a quien sentimos en la brisa
que nos envuelve el rostro,
llamándonos para jugar
como un niño libre.

Cuando ella anida en el pecho, la soledad

La mano de la soledad es piedra en nuestro pecho
RUY BELO

Cuando ella anida en el pecho, la soledad,
acalla los labios, el corazón
y quedamos inclinados sobre la noche
como si no hubiera un mañana
en que pudiésemos saludar al sol.

Es necesario aprender a respirar
tirar la piedra que tienes sobre el corazón
y aprender el verdadero sonido
de los animales que caminan en libertad
de los niños que corren en la tarde.

Es necesario desaprender el peso de los días
y volver al pasado,
alimentar el recuerdo
de los días pasados junto al mar
donde la luz era pura
y todo nos estaba permitido.

Cuando la tarde desemboca en la noche
yo veo tu rostro,

en sueños

como en un espejo deformado

tu rostro que se borra

inexpresivo

cada vez más lejos de mí.

Recordar lo que fue en mí

el recuerdo de tu mirada

la sombra de tu sonrisa

que ahora no es más que un rictus.

La noche me trae la pesadilla. La ausencia.

Amo las horas en las que me sumerjo en la sombra
y excavo las palabras que me brindarán el poema
se confunden con el viento
y viajan por el follaje
en la tarde clara
esperando ser llamadas.

Cerco

Las garras de la noche descienden
sobre la tarde
donde todo es claridad
y se transforma en melancolía.

No vengas, noche,
a recordarme la ausencia
donde todo se hunde.

Estos días que me hacen recordar
al Balbec de Proust
y a las muchachas en flor
son tan tristes
que sólo el mar puede aplacar
la quemadura del presente.

Se refleja la luz a plomo
en la pared encalada
de una casa abierta de par en par.
Solo parece habitarla
la dulzura del mar.

Es la tarde en un estertor
anunciando la noche y la ausencia
la luz que emerge en el polvo
y en la superficie de las cosas
y las imágenes son absorbidas
como la luz, en el instante último.

Moria

El fuego te devora la casa
la que quedó
de los escasos bienes
traídos en el viaje.

Todo lo lame el fuego
mientras los hijos
duermen al raso
y el futuro es ahora
incierta nada
ante la indiferencia
de Europa,
una vez más.

Porque la sombra se adivina

Porque en tu mirada
se adivina la sombra, donde acecha Saturno,
una marea más alta
vendrá a rescatarte los gestos
en oficiosa, solemnísima ceremonia.

Al extenderte el final de la tarde
los suaves brazos, siempre
resplandecen astillas de luz
en la sombra de tu mirada
acariciándola y preparándola
para el olvido de la noche
donde te acuestas
con una piedra sobre el corazón.

No sabrías ser de otro modo.

Como la música o el mar

aún te pediría que te demorases
sin palabras
ni juicios
apenas presencia pura
borrando todo el dolor
resucitando la esperanza.

Como la música o el mar
aún te pediría que fueses tú mismo
sin heridas
ni odio
habitando el canto de la frondosidad
en silencio puro
y niebla matinal.
De nuevo.

Caminas por el filo de la navaja
siempre, sin saber a qué huelen
las flores de tu jardín.

Acuérdate de las cosas que te abrazan
cuando descaminas
invocando a los muertos
que se atraviesan en tu camino.

Voces que vienen de la infancia
convertidas en música para la soledad
como el brillo del sol sobre las aguas
ascienden presagios
que vienen con el viento.

No poder olvidar
la marea alta las nubes y el azul
que incendian la tarde
no poder olvidar
la memoria de todo esto
en otro verano en otro lugar
todo pasa por mi mirada absorta
en un domingo de horas vacías.

Las voces son las que nos salvan.

Y después viene el poema
irrumpiendo entre las fisuras
de lo real, entre las redes del sueño.

Un hombre guarda las palabras
del viento que pasa
quiere traerlas al poema
y se pierden en los espejos.

De las astillas de las palabras
se hace el cuerpo del poema
redondo, inaugural
como un animal
recién nacido.

ÍNDICE

Sobre la traductora

Verónica Aranda (Madrid, 1982) es doctora en estudios artísticos, literarios y de la cultura por la Universidad Autónoma de Madrid, poeta y traductora. Ha recibido los premios internacionales de poesía Miguel Hernández, Ciudad de Salamanca, Leonor y Ciudad de Pamplona, entre otros. Ha publicado una docena de poemarios, entre los que destacan: *Tatuaje* (Hiperión, 2005), *Épica de raíles* (Devenir, 2016), *Dibujar una isla* (Reino de Cordelia, 2017) y *Cobalto oscuro* (Cénlit, 2020). La antología *La rosa contra el lino* (Polibea, 2023) reúne una amplia selección de su obra. También cultiva la literatura infantil y la narrativa de viajes.

Ha traducido a los poetas Yuyutsu RD Sharma, António Ramos Rosa, Maria do Rosário Pedreira, Clarissa Macedo, Salgado Maranhão, Michel Thion, Flaminia Cruciani y Tamara Andrés.

Dirige la colección de poesía latinoamericana actual «Toda la noche se oyeron», en la editorial Polibea y la colección de traducciones de poesía «Mar de Babel», en la editorial BajAmar.